NAPOLÉON LE GRAND

PAR

VICTOR HUGO

HENRY HOUSSAYE

De l'Académie française

NAPOLÉON LE GRAND

PAR

VICTOR HUGO

Extrait du Bulletin du Bibliophile

PARIS

LIBRAIRIE HENRI LECLERC

219, RUE SAINT-HONORÉ, 219

et 16, rue d'Alger.

—

1902

NAPOLÉON LE GRAND

PAR

VICTOR HUGO

Le mois dernier, la veille du centenaire de Victor Hugo, je publiai cet article dans l'*Echo de Paris :*

J'ai vu tout dernièrement chez un bibliophile de mes amis un livre non cité encore parmi les œuvres de Victor Hugo. J'en donnerai la description exacte, à l'intention de M. Georges Vicaire, l'auteur érudit du *Manuel de l'Amateur de livres du XIXe siècle :*

NAPOLÉON LE GRAND
PAR
VICTOR HUGO
Imprimé sous le manteau impérial
A PARIS
MDCCCC

In-8 raisin, papier vergé, 2 feuillets, (faux-titre et titre), 1 feuillet non chiffré, et 342 pages. Frontispice à l'eau-forte non signé.

On lit au verso du faux-titre : *Ce livre a été tiré à 45 exemplaires, numérotés à la presse, pour quelques admirateurs de Napoléon et de Victor Hugo.*

Le frontispice représente la veillée des funérailles de Victor Hugo, dans la nuit du 31 mai au 1er juin 1885. Sous l'Arc de Triomphe, vu obliquement, se dresse le colossal catafalque qu'éclairent de lueurs fantastiques les flammes des grands lampadaires d'argent et les torches portées par les cuirassiers, pareils à des statues équestres. A la droite, dans un nuage de poudre, au milieu des cavaliers, des canons et des drapeaux, l'empereur arrêtant brusquement son cheval qui se cabre à demi, salue le glorieux cercueil.

Je crois intéressant de citer « l'Avis des éditeurs », imprimé en tête du volume ; il est anonyme : « Les chefs-d'œuvre que nous avons réunis ici forment une épopée napoléonienne. Ils étaient épars dans beaucoup de volumes ; nous en avons fait un seul livre, un seul faisceau, un seul trophée. Vers 1935, quand l'héritage littéraire de Victor Hugo sera entré dans le domaine public, nous sommes certains que ce livre, aujourd'hui imprimé clandestinement pour une quarantaine de bibliophiles, sera réimprimé à des milliers d'exemplaires, car il est fait pour tous les cœurs français. Mais nous avons voulu qu'avant la fin du siècle qui s'appellera le siècle de Victor Hugo, s'il ne s'appelle pas le siècle de Napoléon, fût publié ce livre où s'unit au nom auguste du grand empereur le nom illustre du grand poète. »

Le volume commence par : *Les deux Iles*, la première *Ode à l'Arc de Triomphe* et l'*Ode à la colonne de la place Vendôme*, publiées dans les *Odes et Ballades*. Viennent ensuite deux pièces des *Orientales : Bounaberdi* et *Lui :*

> Toujours lui ! lui partout ! ou brûlante ou glacée,
> Son image sans cesse ébranle ma pensée.
>
> . . . .
>
> Napoléon ! soleil dont je suis le Memnon !

Dans les *Feuilles d'Automne*, on a pris le *Souvenir d'enfance :*

> J'avais sept ans, je vis passer Napoléon.
>
> . . . .
>
> Il passa. Cependant son nom sur la cité
> Bondissait, des canons aux cloches rejeté,
> Son cortège emplissait de tumulte les rues ;
> Et, par mille clameurs de sa présence accrues,
> Par mille cris de joie et d'amour furieux,
> Le peuple saluait ce passant glorieux.

Voici maintenant quatre pièces des *Chants du Crépuscule : Le Grand Homme vaincu ; A Laure, duchesse d'Abrantès ; Napoléon II ; la deuxième Ode à la Colonne :*

> Dans la fournaise ardente il jetait à brassées
> Les canons ennemis,
>
> Puis il s'en revenait gagner quelque bataille :
> Il dépouillait encore à travers la mitraille
> Maints affûts dispersés,
> Et rapportant ce bronze à la Rome française,
> Il disait aux fondeurs penchés sur la fournaise :
> En avez-vous assez ?

Plus loin, c'est l'*Ode à l'Arc de Triomphe* (des *Voix intérieures*) :

> . . . . . , ... Debout !
> Ceux de quatre-vingt-seize et de mil huit cent onze,
> Ceux que conduit au ciel la spirale de bronze,
> Ceux que scelle à la terre un socle de granit,
> Tous, poussant au combat le cheval qui hennit,
> Le drapeau qui se gonfle et le canon qui roule.

Je relis avec admiration le *Retour de l'Empereur*, ce grandiose poème d'un si beau mouvement lyrique :

> Sire, vous reviendrez dans votre capitale,
> Sans tocsin, sans combat, sans lutte et sans fureur,
> Traîné par huit chevaux sous l'arche triomphale
> En habit d'empereur !
>
> Par cette même porte où Dieu vous accompagne,
> Sire, vous reviendrez sur un sublime char,
> Glorieux, couronné, saint comme Charlemagne
> Et grand comme César !

On a pris enfin, dans les *Châtiments*, les cinq premières parties de l'*Expiation* ; dans la *Légende des Siècles*, le *Cimetière d'Eylau* ; dans l'*Année terrible*, les *Deux Trophées*. Le volume de *Napoléon le Grand* contient environ 2.500 vers. Parmi tous ceux qu'a écrits Victor Hugo, il n'en est pas qui aient une forme plus magnifique, un sentiment plus élevé, un accent plus sincère ; il n'en est pas qui donnent une impression plus forte ni qui soient plus assurés de l'immortalité.

A la suite de tous ces beaux vers, on a imprimé des pages de prose d'une égale beauté. D'abord le discours sur la pétition du prince Jérôme Bonaparte. J'en cite la péroraison : « Accordez-moi cette supposition impossible qu'il existe dans un coin quelconque de l'univers un homme qui n'ait jamais entendu prononcer le nom de l'empereur. Supposez que cet homme lise ce texte de loi qui dit: *La famille de Napoléon est bannie à perpétuité du territoire français.* En présence d'une pénalité si terrible, cet étranger se demanderait ce que pouvait être ce Napoléon. Il se demanderait, cet étranger, avec une sorte d'effroi, par quels crimes monstrueux ce Napoléon avait pu mériter d'être ainsi frappé à jamais dans toute sa race... Messieurs, ces crimes, les voici : c'est la religion relevée, c'est le Code civil rédigé, c'est la France augmentée au delà même de ses frontières naturelles, c'est Marengo, Iéna, Wagram, Austerlitz, c'est la plus magnifique dot de puissance et de gloire qu'un grand homme ait jamais apportée à une grande nation. »

A ce discours prononcé à la Chambre des pairs le 14 juin 1847, on a ajouté, en note, ces deux lignes du discours prononcé dans une réunion électorale, le 29 mai 1848: « Il n'y a pas encore un an, j'ai demandé hautement que la famille de l'empereur rentrât en France. La Chambre me l'a refusé, la Providence me l'a accordé. »

Que de choses encore ! des fragments du *Rhin* ; le *Récit du Capitaine*, de *Victor Hugo raconté par un témoin de sa vie* ; les chapitres épiques des *Misérables* sur Waterloo. Des *Misérables* aussi, les pages des *Amis de l'A B C* où Marius trace en traits de feu cet éblouissant portrait de Napoléon : « ... Qui

admirez-vous, si vous n'admirez pas l'empereur? Et que
vous faut-il de plus? Si vous ne voulez pas de ce grand
homme-là, de quels grands hommes voudrez-vous? Il avait
tout, il était complet. Il avait dans son cerveau le cube des
facultés humaines. Il faisait des Codes comme Justinien, il
dictait comme César, sa causerie mêlait l'éclair de Pascal au
coup de foudre de Tacite, il faisait l'histoire et il l'écrivait ;
ses bulletins sont des Iliades. A Tilsitt, il enseignait la
majesté aux empereurs, à l'Académie des sciences il donnait
la réplique à Laplace, au Conseil d'Etat il tenait tête à Merlin.
Il voyait tout, il savait tout, ce qui ne l'empêchait pas de
rire d'un rire bonhomme au berceau de son petit enfant ;
et tout à coup, l'Europe effarée écoutait des armées se mettre
en marche ; les frontières des royaumes oscillaient sur la
carte, on entendait le bruit d'un glaive surhumain qui sortait
du fourreau, on le voyait, lui, se dresser debout sur l'hori-
zon avec un flamboiement dans la main et un resplendisse-
ment dans les yeux, déployant dans le tonnerre ses deux
ailes, la grande armée et la vieille garde, et c'était l'archange
de la guerre !... Être l'Empire d'un tel empereur, quelle
splendide destinée pour un peuple, quand ce peuple est la
France et qu'il ajoute son génie au génie de cet homme !
Apparaître et régner, marcher et triompher, avoir pour
étapes toutes les capitales, prendre ses grenadiers et en faire
des rois, décréter des chutes de dynastie, transfigurer l'Europe au pas de charge, être le peuple de quelqu'un qui mêle
à toutes vos aubes l'annonce éclatante d'une bataille gagnée,
avoir pour réveille-matin le canon des Invalides, jeter dans
des abîmes de lumière des mots prodigieux qui flamboient
à jamais, Marengo, Arcole, Austerlitz, Iéna, Wagram ! faire
à chaque instant éclore au zénith des siècles des constella-
tions de victoire, donner l'empire français pour pendant à
l'empire romain, vaincre, dominer, foudroyer, être en
Europe une sorte de peuple doré à force de gloire, sonner à
travers l'histoire une fanfare de Titans, conquérir le monde
deux fois, par la conquête et par l'éblouissement, cela est
sublime ! »

A Sainte-Hélène, dans ses visions consolatrices où il

voyait sa gloire grandir d'âge en âge, Napoléon ne rêvait point plus éclatant panégyrique.

Depuis qu'a paru cet article, j'ai été assailli de questions : « A moi, vous pouvez bien dire le nom de votre ami. Il doit être de la Société des Amis des Livres. — *Napoléon le Grand* a-t-il déjà passé en vente publique ? — Est-ce vous qui avez donné cette idée-là ! — L'impression a-t-elle été faite en France ou à l'étranger ? — Pensez-vous qu'en mettant les libraires en chasse, il serait possible de dénicher un de ces quarante-cinq exemplaires ? — J'ai reçu aussi nombre de lettres qui décèlent la même curiosité. On demande toutes sortes de renseignements. Un magistrat me témoigne sa surprise que lui « qui depuis vingt ans réunit tous les livres de Victor Hugo et tous les livres, toutes les brochures, tous les articles de quelqu'importance écrits sur Victor Hugo, n'ait eu jusqu'ici aucune connaissance d'un *Napoléon le Grand*. » Un libraire — et non des moindres — m'écrit « de lui indiquer, si je le connais, l'éditeur qui a souscrit les 45 exemplaires. » Un médecin propose une association de deux ou trois personnes pour faire réimprimer ce livre en Belgique à dix mille exemplaires à bon marché.

Les meilleures plaisanteries étant, comme on dit, les plus courtes, j'ai hâte de m'expliquer. *Napoléon le Grand* peut être ajouté au catalogue fameux des livres du comte de Fortsas. Ce volume n'existe pas, le titre est imaginaire, le frontispice est imaginaire, l'avant-propos est imaginaire.

C'est en lisant, il y a bien longtemps, l'*Ode à la Colonne*, l'*Arc de Triomphe*, le *Retour de l'Empereur*, certaines pages des *Misérables*, que m'est venue la première idée d'un *Napoléon le Grand*, par Victor Hugo, comme antithèse à *Napoléon le Petit*. Beaucoup plus tard, je fis tapisser une porte de ma bibliothèque avec des dos de livres simulés. Je m'amusai à inventer des titres de fantaisie : Benjamin Constant, *Variétés littéraires et Variations politiques.* — H. de Balzac, *Les Comptes Mélancholiques.* — Alfred de Musset, *Elle et Moi.* — George Sand, *Moi et Eux.* — H. Rochefort, *Manuel du Démolisseur.* — Michelet, *Eloge des Jésuites.* — Schliemann, *Fouilles sur l'emplacement du Paradis Terrestre.* — Leconte de Lisle, *Les Beautés du Catholicisme.* — E. de Goncourt, *De l'Influence des Goncourt sur la Littérature française.* — Ernest Renan, *Les Cloches de la Ville d'Is.* Comme bien vous pensez, je n'oubliai pas : Victor Hugo, *Napoléon le Grand.*

J'avais le dos du livre, et combien de livres dont on se contente de voir le dos ! Mais pour une œuvre de Victor Hugo c'était insuffisant. Je projetai plusieurs fois de faire imprimer le livre, mais le temps me manquait pour rassembler la copie, pour trouver un imprimeur de bonne volonté, pour m'occuper de la mise en pages et des épreuves. Et puis, j'avais tout de même quelques scrupules de toucher, fût-ce d'une main dévotieuse, à la propriéte littéraire de Victor Hugo.

A la veille du centenaire, mon idée me revint encore, obsédante, impérieuse. Afin de m'en délivrer une fois pour toutes, j'écrivis l'article en question. Il me semblait qu'en décrivant ce livre dans un journal à grand tirage, en en citant des pages, je lui donnerais un certificat de vie et une existence au moins aussi notoire que si je le faisais imprimer à quelques exemplaires destinés aux nécropoles des bibliothèques privées. Tout n'est qu'apparence.

Une indication encore. S'il n'existe pas un gros livre de Victor Hugo ayant pour titre : *Napoléon le Grand*, il y a un petit livre de Victor Hugo, qui est bel et bien à la gloire de Napoléon Ier. C'est un in-16 de 124 pages, publié en 1841. Le titre, — qui est un peu plus long et un peu moins frappant que *Napoléon le Grand*, — vous dira le contenu du volume :

Le Retour | de | l'Empereur | suivi de | Lui-Bounaberdi (Orientales). — Première Ode à la Colonne. | — Souvenir d'enfance (l'Empereur au Panthéon). — Deuxième Ode à la Colonne. | — Le grand Homme vaincu. — Napoléon II. | — A Laure, duchesse d'Abrantès. — A l'Arc de Triomphe de l'Etoile, | par Victor Hugo. | Prix 1 franc) | Paris. | Furne et Cie, Delloye, libraire. (Imprimé par Béthune et Plon).

En tête se trouve un « Avis des éditeurs » signé : C.-V. Duriez. Ce Duriez avait été soldat de Napoléon, ou était fils d'un soldat de Napoléon, je ne sais pas bien. Il s'occupa de 1840 à 1845 de la publication des œuvres de Victor Hugo. Au reste, peu importe Duriez ! c'est de son avant-propos qu'il s'agit. Le voici :

Depuis douze ans, le génie et la popularité de M. Victor Hugo se sont étroitement associés à tous les mouvements de la pensée nationale, de là, à diverses époques, ces poëmes qui ont eu un si durable et si profond retentissement ; la première ODE A LA COLONNE qui vengeait nos maréchaux d'empire d'une insulte de l'Autriche, la deuxième qui prédisait dès 1830 le mémorable événement accompli en 1840, l'hymne à l'Arc de l'Etoile, posé comme un aigle de bronze sur le sommet du colossal monument, l'Ode sur Napoléon II, la berceuse orientale intitulée LUI et tant d'autres œuvres successives dont la réunion *forme une espèce d'épopée napo-*

léonienne, inspirations toutes populaires et toutes françaises, hommages du *grand poëte* au *grand empereur.*

C'est cette espèce d'épopée, couronnée par le dernier poëme de M. Victor Hugo, LE RETOUR DE L'EMPEREUR, que nous publions aujourd'hui. Nors croyons exécuter une idée patriotique et honorable en mettant à la portée de toutes les bourses *ces vers faits pour tous les cœurs,* et *en ne faisant* de toutes ces productions séparées, *éparses* dans vingt-trois volumes d'un prix élevé, *qu'un seul livre, qu'un seul faisceau, qu'un seul trophée.* Le succès, un long succès que le temps ne fait qu'accroître, a accueilli tous ces poëmes. Nous mettons donc avec confiance sous les yeux du public le petit livre qui rapproche si glorieusement *du nom auguste de Napoléon le nom illustre de Victor Hugo.*

C.-V. DURIEZ.

Les mots en italiques sont ceux qui ont été reproduits par moi, avec des contextes un peu différents, dans « l'Avis au lecteur, » que j'ai imaginé. J'ai fait ces emprunts afin de me garder contre une protestation éventuelle de quelque Hugolâtre sectaire. Si l'on m'avait accusé de travestir la pensée, les sentiments de Victor Hugo, j'aurais riposté en citant la page de Duriez, page que Victor Hugo a certainement lue en épreuves, qui a été imprimée avec son approbation, et à laquelle il semble même qu'il ait un peu collaboré. Je crois bien reconnaître son style dans cet *hymne posé comme un aigle au sommet de l'Arc de Triomphe,* dans ces *vers faits pour tous les cœurs,* dans le choix si judicieux et l'opposition si heureuse de ces deux épithètes : le nom *auguste* de Napoléon et le nom *illustre* de Victor Hugo, dans cette image, enfin : *un seul livre, un seul faisceau, un seul trophée.*

En résumé, si ce beau livre : *Napoléon le Grand,* par Victor Hugo n'est pas fait, il serait facile à faire, car tous les éléments en existent. — J'ajoute qu'il sera fait. Ces jours derniers, un passionné collectionneur de documents napoléoniens, M. A. P., m'a montré, classées dans quatre grands cartons et préparées pour l'impression, toutes les poèsies, toutes les pages de prose que Victor Hugo a écrites sur l'Empereur. Tandis que j'imaginais le livre, M. A. P. s'occupait à le faire. Il y a des idées qui sont dans l'air.

Achevé d'imprimer

A 125 exemplaires sur papier ordinaire
Et 25   —   —   Hollande

Le vingt avril mil neuf cent deux

PAR

FRÉDÉRIC EMPAYTAZ

A VENDOME